AF599902

GRAFFITI

POESÍA

HUERGA & FIERRO EDITORES

HUERGA Y FIERRO EDITORES, S. L. U.
C/ SEBASTIÁN HERRERA, 9
28012 MADRID (ESPAÑA)
TELÉFONO: 91 467 63 61
E. MAIL: huerga@huergayfierro.com
WEB: www.huergayfierro.com

PRIMERA EDICIÓN
2024

DISEÑO DE ÁNGEL LUIS VIGARAY

DEPÓSITO LEGAL: M-12314-2024 — I. S. B. N: 978-84-128698-6-6
IMPRESO EN ROMADAC Industria del Libro.
IMPRESO EN ESPAÑA

EL PARIENTE LEJANO

María Antonia Ortega

EL PARIENTE LEJANO
LIBERTY

MARÍA ANTONIA ORTEGA

GRAFFITI

HUERGA & FIERRO EDITORES

A la memoria de Carmen Reyes González,
(9/11/2021, 14/4/2022).

Para Charo Fierro y Antonio Huerga, por su lealtad.

EL PARIENTE LEJANO

EL PARIENTE LEJANO I

La vida,
esa extraña
que muchas veces pasa
junto a mí.

LOS EXPOETAS Y EL PINTOR CIEGO

Cuando a mediados de agosto
visité la bella almoneda

y el corazón de la ciudad
era una sombra mate
recortada en dos mitades de cartón:
Verde oscuro y negra
como las tapas
de los cuadernos de un pintor ciego,

vi muchos objetos apilados
que muy nuevos
todavía me parecieron.
Brillaban mucho
como caídos al mar.
¡Son cosas de unos viejos
cuya casa se ha deshecho
y está revuelta como el lecho
de unos amantes!
Ignoramos si ya han muerto,
y si su tiempo ha acabado,
o si viven todavía;
o si al final se fueron infieles
y se separaron.
Nosotros los conocíamos
desde lejos.

La distancia,
incluso la impuesta,
es la belleza,
recuerda el pintor ciego.

Nos deteníamos a observarlos
sin remedio.
No era sólo curiosidad,
¿o tal vez sí?
Mejor admiración.
Pero sin poder mirar en su interior.
Sólo el pintor ciego.

(El pintor ciego
será capaz de encontrar
la cuarta dimensión
a la que Mircea Cartarescu cita
en El Solenoide;
y a *McAranguren*
le admira que los poetas
se vuelvan ciegos
al recitar).

Más vivían en su mundo,
detrás de una cortina
lapislázuli
ajustada a sus formas,
un manto real
de armiño
de nieve ya derretida
al rescoldo de la tarde

y el olor de los cerezos;
pero delante,
 como una vela empujando
 mar adentro
este arabesco:
parasiempreyalejosdelpuerto,
(¡a cierta edad
el avance es imparable!
Y así se regocijaban
Mia y Elio.
¿Era frivolidad o valor?)
Un manto real
puesto por delante
 así el Mandil del Albañil
constructor de catedrales.
¿Quiénes serían
detrás de sus bellas máscaras
venecianas?

¡Amarillo mostaza,
contestadme,
Verde esmeralda
y Azul turquesa!

¿Amantes tardíos?
¿Pertenecían a una etapa anterior,
o eran precursores de una nueva vida?
Quizá todavía ni siquiera habían nacido
y nadaban en un claustro de aguas profundas
en el que los amantes se convierten
en hermanos,

fetos arrugados como garbanzos
de oro,
sobre la palma de la mano
de un Dios adolescente,
¡la de un dios con distintas edades!
Quiere Dios que el hombre
sea también como un dios
con distintas edades.

Ella cambiaba de pelucas,
de distintos modelos
y tamaños
casi con vida
como días puestos
y quitados,
usados o nuevos,
colgados de perchas
y paravanes,
entre perfumadores
y polvos orientales.
Y cotorras.

La poesía
es precisión:
oírse en ella
sus relojes.
Vano empeño
el de confundirla
con la música,
o el silencio.
Pues la poesía es

su propio tema,
su propia música,
y su propio silencio.

Y cuando de las pelucas
graciosamente
prescindía,
y se descubría
ante un espejo sin marco,
y tal vez con la imagen
olvidada por otro
que allí antes se hubiera mirado,
se encasquetaba un sombrero de paja
con una cinta
como una pincelada de color vivo.
Y cuando de él se desembarazaba,
y lo arrojaba sobre un sillón
de mimbre,
Mia enseñaba promiscuamente
las entradas de sus sienes
tan depiladas como sus cejas,
(niebla levantada por la tarde en una playa
durante un verano en el Norte).
Y unas veces sonreía para sí
como los adolescentes,
y otras para los demás.

Aparte, el pintor ciego:
Aquí por fin hay un poeta
escribiendo un Libro del Gozo,
que sabe cuándo empieza la vida.

Como una mujer de mundo
se acodaba en la barra del bar.
¡Qué! Como una dueña del mundo.

El tiempo,
todo tiempo,
cualquier tiempo,
eran siempre suyos.
Y en torno a ella despertábase
la sensualidad de otra época
con papel estampado en la pared:
Era como un hotel barato
 clandestino
y asequible
al que los jóvenes van a esconderse,
LA POESÍA,
para con total libertad vivir allí,
y ver a Dios
o ser vistos por él
por el ojo de la cerradura-
Oh Dios eres mi talla grande,
Oversize,
rezaban siempre sonriendo.
LA POESÍA
es el hotel
en el que los amantes
terminan convirtiéndose
en hermanos;
el incesto inverso
o su contrario:
desincestarse.

Y había siempre
en el portal luminoso
detrás de la vista
un pintor ciego
como *El Cuadrado Negro* de Malevich.

"Añadió luego todo lo que sabía sobre los rayos de luz, sobre su focalización
en la lente blanda del cristalino y sobre su proyección en la retina,
incluso sobre la mancha ciega que todos tenemos y todos ignoramos –
pero ¿cuántas manchas ciegas metafísicas, emocionales, místicas y kármicas
tiene nuestro fantástico ser de carne y pensamiento? –
en la zona llamada macula lutea..."
(Mircea Cartarescu, *El Solenoide*)

Así habló el pintor ciego:
Nunca han sido mis noches oscuras
sino verde damasco y esmeralda,
color lapislázuli e incluso aguamarina;
o ciruela onírico, hasta plátano,
de amarillo botón de oro
a palo de rosa.
Solo han sido negras,
pero no oscuras,
pues brillan por dentro,
las noches más hondas
y perfumadas
de profundo verano.
Me hallo detrás del *Cuadrado Negro*
De Malevich.
No veo
pero soy visionario.

Todo se me revela
en una nueva dimensión:
Escojo los motivos
para amoldarlos
a los objetos
a los que los destino.
Y el olor de las manzanas
que los niños
llevaban en sus cestas,
como las excursiones
a la sierra,
me condujo
hasta el verde claro
en donde ensanchar
el campo visual;
y al inicio de todos los ciclos,
entre todos ellos el de la vida.
Y con su aroma
uno fondo y forma,
y atravieso varios mundos
que voy dejando
delante de mí,
delante de mí
incluso para regresar
al primero que abandono.

Todo me precede,
incluso el Pasado,
como los bellos caballos
al carruaje.

No escribáis más versos
en mi nombre ciego,
sino *Multi-Versos*
como alcanzables
mundos paralelos
con la agilidad del nadador
cruzando a brazadas,
sin abandonar su calle,
el *Uni-Verso,*
punto de intersección
más florido
que la Cruz de Mayo
entre lo horizontal y vertical
como dos nadadores.

Y la mujer donaba
al borde de los vasos,
apilados al extremo
de la barra del Bar,
una mancha de carmín.

¡Son recuerdos
de unos antiguos inquilinos
que no han recogido
sus herederos,
pues de un mundo
inabarcable,
sobre todo
la inconmensurable
huella viva
de la pintura

de aquella barra de labios
de Mía en forma de “hotelito”,
jamás podrían
sus parientes lejanos
como la Humanidad,
a pesar de tan bello nombre,
dedicarles
espacio
en su mínimo
corazón
como un pisito!

¡Son cosas de dos amantes,
tan apasionados
que hicieron la proeza
de convertirse en hermanos!

Él,
un Gran Tú,
se hacía oír en voz muy alta.
¿Duro de oído?
¿O porque éramos su público?
Bajo el haz de luz,
no podía vernos
envueltos en las sombras.
Y era entonces también invidente
como un pintor ciego,
o los poetas al recitar.

Porque quien está
sobre un escenario

es un pintor ciego.
¿Cuál de todos nosotros
es el pintor ciego?
Pregunta el pintor ciego
al encontrar por sorpresa
una imagen de sí mismo.

Jamás conocí
a ningún hombre vivo
haciendo tantos planes
de futuro,
aunque fuese de edad
tan avanzada.
¡He visto a muchos jóvenes
indiferentes hacia el futuro,
como si no tuviese
demasiada importancia!

¡Cuánto gozo!
Y éste es
poder ver al fin
el paisaje definitivo.

¿Acaso no es el poeta
un pintor ciego?

¡He visto a tantos jóvenes
fuera del tiempo,
sin querer entrar en él!
Y nuestro hombre
quería completar sus proyectos.

Las casas más firmes
son las que se construyen
para ser pronto abandonadas.

Era la idea de futuro,
no la fe en el futuro.
No era el futuro
adelantar al presente,
cuando la vida
ya pertenece al pasado,
sino quedarse en él.

Era
más bello:
Una reflexión
profunda
sobre la vida.
Quizá no después
sino antes de ésta.

Pondría un gran negocio,
ordenaría sus libros
para donarlos
a alguna Biblioteca Pública
con su nombre.
Quizá incluso le quedaría todavía tiempo
para crear una gran familia.

Se diría que,
cuanta menos vida le quedaba,
más futuro tenía:

Más que en su vida entera
más perspectivas le ofrecía.

Ésta no es otra
que la historia Mia y Elio
que se hicieron hermanos,
no al principio,
sino al final de la vida,
a su fin sin fin
que es la memoria;
y la poesía.

¿Y acaso no debería ser
este futuro de hermandad
entre dos amantes
también el de la humanidad?
Ah pero la humanidad
es un pariente lejano.

EL COLUMPIO A SOTAVENTO

I

No:
no podría
entrar en rivalidad
con el manzano
cargado de frutos;
ni envidiar al mar
que invita a su contemplación,
y detiene todavía mis días
al otro lado de la muerte.

No podría medirme
con el atardecer de verano,
ni competir con el aroma del laurel
que se mezcla con el salino.

Ni odio
ni envidia,
ni espíritu de competición,
ni ambición,
ni deseo de reconocimiento,
me apartan del manzano y del mar.
¿Por qué los humanes
disputan entre sí los mejores puestos?
Se temen,
se detestan,
se esclavizan

por obtener la aprobación
del más fuerte,
para que luego les desprecie.

Mientras la flor abierta,
estremecida
por las gotas de lluvia
que sacude suave el viento,
triunfa a nuestros ojos
por su vulnerabilidad.

Hoy he visto mecerse,
columpiarse a sotavento
en las ramas
de los lustrosos eucaliptos,
a cuervos embetunados
graznando su misterio.

¿El humano solo sabe
morir con naturalidad
o también vivir con ella?

Envidia,
constriñe,
se resiente.
Anhela
ser el primero
pero no el más amado;
ser superior
pero no igual.
Aunque

el poeta es el igual profundo,
como el manzano
(pues los poetas y la muerte se parecen
en que restituyen la igualdad
en La Rebeldía).

¿Por qué
más bello
el jardín virgen?
¿Por escondido?
La Naturaleza prepara así
su descubrimiento.

Ahora llega el olor a brea
de algún barco
en ruta de navegación.
De tal modo
deja un fragmento de su camino.
Todo invita a su contemplación.

Sin embargo
arrebataron la vida
a seis millones de judíos;
y perdieron la suya
un millón doscientos cincuenta mil
ciudadanos chinos
mientras construían la famosa muralla,
a causa de la extenuación.
Y sus verdugos no corrieron tampoco
mejor suerte.

Y también entonces manzanos,
frutales,
especies exóticas;
begonias de los patios andaluces,
y palmeras de los jardines gallegos,
se ofrecían a su contemplación;
y las ramas del laurel,
y la brisa marina,
daban placer.

Hombres sabios
y grandes poetas
se unían a la naturaleza
por amor universal;
y de ella creían
seguir formando parte,
como el fragmento de azogue
al espejo.

II

¿Pero y el todo a la parte?
Ésta es la cuestión fundamental:
¿El todo es capaz
de parecerse a la parte,
y a su absoluta individualidad?
¿También es el todo
individuo y memoria?
¡Es qué si no, no me sirve!
El todo también tiene que ponerse
de mi parte.

III

¿Por qué no mirarse en el otro
sin necesidad de posesión;
y no buscar el remanso,
el lugar hasta entonces ignoto
y fresco,
el paisaje virgen
donde contemplarse
sin codicia
como yo hoy al mar?
En la historia de la humanidad
sólo es interesante
la renuncia al poder.
¿Y acaso no consiste en ello
la literatura;
en renunciar
al poder:
es decir al miedo?
¿Por qué no bajar
al jardín de las dalias,
y ofrecerse,
como la flor,
a las gotas de lluvia
que pesan más que sus pétalos?

IV

Mejor
una única sustancia humana,
pero en la que no sea la parte
inferior al todo,
sino más todavía
por amor del Todo,
como aquel Pastor que ponía
más empeño
en buscar a la oveja perdida
que en cuidar del rebaño.

La literatura es panteísmo
sin olvido,
pues en ella el género nunca borra
al individuo.

LA FINCA DE POSIDONIA

Más allá del amor, la muerte y la memoria de los
dioses,
después de los paraísos artificiales,
ya es hora de que la poesía
sea tema de sí misma.
¿Y por qué no
la pintura asunto de sí misma,
y no de un motivo floral
o de la figura humana?
¡Cada cuerdo con su tema!
¿Acaso no fue en esto Joseph Louis Cornier-Miramont,
vecino de Paul Valéry,
un precursor, un poeta, un profeta?
¿Pues la pintura de la pintura,
la pintura por la pintura,
es que no amplía
las posibilidades del espectador
y de la luz?
¿No es verdad que cambia
continuamente de perspectiva,
y se transforma en iniciación,
en metáfora de la metáfora,
en línea naranja del Invierno
entre el día y la noche,
como un rayo horizontal inmóvil

sobre las gasolineras
y los bares de barrio
del extrarradio de la ciudad?
Cruza el dintel
de la “puerta angosta”,
y abre al mismo tiempo un paréntesis
como un arco o un túnel
entre los muros de enorme espesor
que todos ya sabemos.
Me ocupo de un cuadro,
de un cuadro en un cuadro,
de un cuadro de un cuadro,
y eso no significa que no pinte
que pinto sólo lo que no pinto,
como Velázquez,
que pintó también lo que no veía,
¡el fondo de las cosas!,
como un prodigioso pintor ciego.
Porque yo pinto también la extrañeza
de mi propia ausencia;
y voy corriendo el fondo,
donde florece la posidonia,
como un sillón forrado de damasco.

DE NATURA

A Parménides

A veces no me equivoco
cuando pienso
que te hemos dado más
que tú a nosotros.
Te dedicamos
música, filosofía,
poesía
en donde nunca envejeces,
como nosotros
dentro de tus ciclos.
En donde no discurres
de la Primavera
al Otoño,
de la vida a la muerte.
Tú nos das muerte,
y a cambio nosotros sobre ti
insuflamos el soplo
de la Vida.
Sólo el hombre,
y Dios resucitado,
se han rebelado
contra ti y tus leyes.
Nos reprochas ahora
haberlas cambiado.
E incluso nos envías
profetas.

Pero
cualquier poema verdadero
te ha vencido
en tu propio terreno.
Te ha hecho más humana:
Inmortal.

LA SANTA Y EL PECADOR

Para Carmen Jodra Davó

Quiso al final el pecador
dar la razón a la santa
y ponerse de su parte
a través del arrepentimiento
tardío.
¿Y no tuvo mérito
por proteger así
la paz de los hogares,
su seguridad,
y el orden de un mundo
habitable?
Al renunciar al orgullo
por tantas rebeldías,
errores,
transgresiones
y enfrentamientos:
a cómo zarandeó
el árbol de la vida
para que cayeran sus frutos
antes de tiempo.
A cómo no obedeció otra voz
que la de algunos poetas malditos.
A cómo se alejó
del camino recto
para añorar el bien

desde las secretas sendas
prohibidas.
¿Y sin embargo,
su último acto
de inconformismo
no fue
el arrepentimiento?
¿Acaso,
al cabo ahora
de tantos años
no estaba bañado
por la misma luz
que de lo que se arrepentía?
¿Acaso no escuchaba
el mismo eco
de la montaña?
Así que se humilló
a sí mismo,
siguiendo una vez más
el camino
de desinterés
en que su vida
había consistido,
prosternándose
ante la santa,
muy bella por cierto,
y subiendo
en compañía de ella
al cielo común.

Tirando por el azul
del borde de su falda.
Siempre a la santa
había amado en secreto;
y a la santidad
con desesperación
y total dación de sí.

LOS EXPOETAS Y LA HIERBA DE VIDRIO

Van de la mano
por la hierba de vidrio.
Su futuro
es ya presente:
Enciende su corazón
y despierta su alma.

Cómo se vestían,
cuántos sombreros gastaban;
¿Cómo se hacía él
el nudo de la corbata?
Mezclaban rallas y cuadros
con *liberty*;
y calzaban zapatos puntiagudos,
comprados en países
de todo el mundo.
Son cosas que unos vecinos
han dejado aquí,
como la misteriosa estela
de unos desconocidos.
Unos dicen que ella murió
primero;
otros se empeñan
en que fue al revés.
Algunos en que lo hicieron
al mismo tiempo.

Todavía hay quien asegura
que están vivos,
y que un largo viaje
emprendieron
con poco equipaje;
porque en la almoneda
depositaron,
como en una última consigna,
(¿y qué otra cosa distinta
puede ser ésta?),
maletas que con el tiempo echaron cajoncitos,
grandes como armarios
que ya no se pueden
mover sin cortar sus raíces bajo el suelo.
Algunos sostienen
que nunca regresarán.
Otros lo contrario.
Hay quienes todavía
les están esperando,
para asegurarles
que no se equivocaban;
y que la vida
también es como ellos,
a la vez triste
y alegre:
que aúna
como la poesía
himno y elegía.
El sol también ilumina
con destellos misteriosos
la hierba de cristal.

EL PARIENTE LEJANO II

Pudo al final ver
el desierto nevado.

EPÍLOGO AL COLUMPIO A SOTAVENTO

Atardeceres
muy bellos.
¿Por qué
no contemplar a los demás
con la misma atención,
pero con el mismo desinterés,
que a los atardeceres?
¿O bajo la luz
del mediodía,
la más indulgente,
que abre la niebla
en la playa,
y asegura
la tarde de baño?
Y subir por la cuesta,
la más empinada
que conozco,
al corazón;
para abarcar
desde allí
el paisaje definitivo.
Somos,
como Dios y el hombre,
un mirador de otro.

No,
jamás podría
odiar al manzano,
ni sentir rivalidad
con él;
ni temerlo
ni anhelar
más poder;
ni sojuzgarlo
ni someterlo.
Sólo albergar
agradecimiento,
y sentir su apoyo.
Me equilibra el manzano
como una vida ordenada.
Quizá
sin apenas saberlo
todos estamos igual de enraizados
que los manzanos.
Y sea nuestro movimiento
como una ilusión
de nuestra quietud
esencial.
Le pregunté a mi madre:
¿Podrías competir
con el manzano?
Y me miró
con estupefacción.

EPÍLOGO A LA FINCA DE POSIDONIA

Una vitrina
en un museo.
Una colección
de marinas.
Un desnudo
tan masculino
como femenino,
suave como el vilano,
o la vaina-vagina
de la judía y el haba.
Hago sugerencias,
dejo un rastro.
Pinto mi propia ausencia:
la soledad del museo
fuera del horario
de apertura.
La intimidad entre sí
de las obras de arte
cuando nadie las ve
excepto el pintor ciego.
El misterio del museo
es su pudor desnudo.
Nunca jamás
habrá un pintor
de referirse a su obra

sino como un espectador
ocasional;
ni a la suya el poeta
sino como lector
por puro azar.
Debería ser
como el amado
que prefiere volver
a convertirse en amante,
para renunciar
a toda seguridad.
Pues a sentirse
tan amado
como ya lo era,
antepone
no tener ninguna certeza
de ser correspondido.
Y asumir el riesgo,
y sentir la incertidumbre,
de no saber nunca
si será aceptado,
renunciando
a toda seguridad,
y comprendiendo así
el verdadero destino
de la poesía.

ÍNDICE

EL PARIENTE LEJANO

Esta obra
se acabó de imprimir
con los auspicios de
Charo Fierro y
Antonio J. Huerga, editores

FINIS CORONAT OPUS